La Revue des Incompris

Revue d'Histoire des Oubliettes n°1

Directeur de la publication

Agnès Bertomeu

Comité de Rédaction

Dr. Catherine Bourdet Magdalena Dabrowski Guy Druennes Denis Foussard Philippe Giesberger Serge Jolly Martine Mathieu Brigitte Mondain Jean-Claude Parize Guy Pésier Daniel Terral Odette Waks

Couverture

Dessin. Chanteclair Cahiers d'Auguste Forestier. Coll. Dr. Dubuisson conservée au LAM, Villeneuve d'Ascq, cliché Nicolas De Witte

Maquette couverture

Agnès Bertomeu

Mise en Page

Agnès Bertomeu

Impression

Éditeur : BoD-Books on Demand, 12/14 rond point des Champs Élysées, 75008 Paris, France
Impression : BoD-Books on Demand, Norderstedt, Allemagne
ISBN : 978-2-322-03869-5
Dépôt légal : Août 2015

La Revue des Incompris

Revue d'Histoire des Oubliettes

Le Réveil de l'Horloge de Célestin Louis
Maxime Dubuisson, aliéniste et poète

Agnès Bertomeu

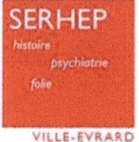

SERHEP

Rédaction Administration

SERHEP, Société d'Etudes et de Recherches Historiques en Psychiatrie Ville-Evrard, 202 avenue Jean-Jaurès

93332 NEUILLY S/Marne France
33) 0143 09 34 78/ 06 86 00 60 20
serhep.ve@epsve.fr

Abonnement

3 numéros (un an)   France   45 €
                     Autres Pays   65 €

Prix au n°:   12 €

Editée par la SERHEP, la Revue des Incompris publie les ouvrages écrits par des chercheurs et des historiens issus de la pratique hospitalière, soignants ou soignés, traitant de l'histoire de la folie et de la psychiatrie

Revue des Incompris, Serhep 2015

SOMMAIRE

n° 1 septembre 2015

Le réveil de l'horloge de Célestin Louis Maxime Dubuisson, aliéniste et poète

Agnès Bertomeu

Le tonnelier de Saint-Tricat	*p.7*
Célestin Louis Maxime Dubuisson aliéniste et poète	
	p.13
L'asile de Saint-Alban	*p.21*
Squelette et Semainière	*p.37*
Restauration	*p.45*
Principes de fonctionnement	*p.49*
Honneur aux souscripteurs	*p.56*
Célestin Louis Maxime Dubuisson poète	*p.59*
Inauguration à St Chély d'Apcher	*p.69*
Notes biographiques Incomplètes	*p.83*
Bibliographie de Lucien Bonnafé	*p.96*

AGENDA

A lire A lire A lire	*p.98*
A voir A voir A voir	*p.101*
Bulletin Abonnement	*p.107*

Dessins et photos : serhep, agnès bertomeu, Archives Nationales Pierrefitte s/Seine, Y. Baldran

Couverture : dessin d'Auguste Forestier. Conservé au LAM Art Brut Villeneuve d'Ascq cliché Nicolas De Witte)

Dépôt SACD 27/03/2015 n°000113526

Le Tonnelier de Saint Tricat

Fig. 1. Saint-Tricat 2014. © Ville de Saint-Tricat

Le ciel est bleu, le pays ensoleillé, mais le bleu a été passé en deuxième couche. Il recouvre un fond gris, tissé de suie, une sueur de suie fine et imprégnée des malheurs de la terre et des hommes. Retombée dans les rivières et les cours d'eau elle en fait l'eau grise.

Situé dans les terres du Pas de Calais, en dessous de Sangatte, à quelque distance des villes de Calais et de Boulogne sur Mer, du haut de sa colline, le petit village de

Saint-Tricat comptait 403 habitants en 1851, à la veille du Second Empire, et s'enorgueillissait de son ancienne tour de guet et de son clocher.

L'un de ces habitants, Louis Maxime Dubuisson, tonnelier, et son épouse, Augustine, née Pochet, attendaient un enfant alors qu'ils étaient déjà bien avancés en âge. Louis Maxime, le père, né en 1806 à Saint-Tricat, était dans sa 45ème année, et Augustine, la mère, fille du pays, portait vaillamment sa grossesse et ses quarante-trois ans.

Elle s'occupait de la maison. Les grandes brasseries de bière du Nord venaient commander leurs fûts et leurs barriques au tonnelier de Saint-Tricat. Bières dorées et bois blonds. Louis Maxime avait choisi avec le plus grand soin les plus belles de ses lames de bois pour confectionner un berceau. Tonnelier a l'œil et la main au bois. Plus qu'aucun autre, il sait le choisir, le fendre, le brûler, le cintrer.

Extrait du Registre aux Actes de Naissances de la commune de Saint-Tricat, année 1851.

L'an mil huit cent cinquante et un, le douzième jour du mois de mars, à huit heures du matin, par-devant nous Boulanger Charles Casimir, Maire et Officier de l'état civil de la commune de Saint-Tricat, canton de Calais, arrondissement de Boulogne sur mer, département du Pas de Calais a comparu Louis Maxime Dubuisson, âgé de quarante cinq ans, profession de tonnelier, demeurant à Saint-Tricat; lequel nous a présenté un enfant du sexe masculin qu'il a déclaré être né de lui et de son domicile, la veille à trois heures du soir et de dame Augustine Pochet, âgée de quarante trois ans, son épouse; auquel enfant il a été donné les prénoms de Célestin Louis Maxime. Le comparant a signé avec nous le présent acte après lecture, les deux témoins ont déclaré ne savoir signer.

_____ Suivent les signatures _____

Pour extrait conforme délivré à Saint-Tricat le dix-sept juillet mil neuf cent vingt un par Nous Louis Léon Emile Lobros, Maire et Officier de l'État civil.

Le Maire

Fig. 2. Extrait d'acte de naissance. Célestin Louis Maxime Dubuisson conservé aux Archives Nationales de Pierrefitte sur Seine LH/818/36

L'enfant vînt au monde à la fin de l'hiver 1851, le 11 mars. Dès le lendemain, son père déclarait la naissance de Célestin Louis Maxime à la mairie de Saint-Tricat, où elle fût enregistrée

Le petit Célestin Louis Maxime courait dans les ateliers, entre les planches et les barriques. Comment fût-il amené à devenir médecin des fous, « aliéniste » comme on disait alors ? On ne le sait pas. D'où lui vînt cette étrange propension à soigner qui lui fit faire des études de médecine et s'engager à soigner plus spécialement les esprits dérangés, ce qui fit de lui un médecin, comme on disait-alors, aliéniste ? Comment cette vocation s'introduisit-elle si profondément dans la famille Dubuisson, qu'elle engendra plusieurs générations de médecins et de psychiatres ? Bien des questions restent pour le moment sans réponse.

Deux générations plus tard, on retrouvera bien des traits hérités de son grand-père maternel, l'aliéniste Maxime Dubuisson, chez son petit-fils, Lucien Bonnafé, qui, lui, se voudra « désaliéniste » : l'attitude amicale envers les fous, la certitude que, pour les soigner, il faut « être auprès d'eux, avec eux», et éprouver un certain bonheur en leur compagnie. Les « bons aliénistes » du 19ème siècle,

Evariste Marandon de Montyel, Jean Dublineau, Frantz Adam et Maxime Dubuisson habitaient l'asile avec leur maisonnée. Du malade « ami » ou « frère » de Dubuisson au malade citoyen de Lucien Bonnafé, s'il y a un franchissement d'époque, de concepts et de mouvements sociaux, la proximité avec l'univers du fou, l'absence de condamnation morale et ce que Lucien Bonnafé appelait « l'art de la sympathie » sont là. Maxime Dubuisson, le médecin aliéniste, disait « mes bons amis les fous », Lucien Bonnafé, le psychiatre désaliéniste, les voudra citoyens libres.

Chez le grand père comme chez le petit-fils, se retrouve un penchant très prononcé pour la fantaisie, la poésie. Dubuisson et son petit-fils Bonnafé, son «petitou», - c'est ainsi qu'il appelait ses petits-enfants -, sont tous les deux des poètes et des amoureux du langage et des arts. Maxime Dubuisson ornait son courrier de petits dessins de sa main et de « tocades » versifiées, envoyait poésies et dessins au préfet et glissait quelques vers dans ses rapports. Le « petitou » qui avait grandi entouré des objets d'art recueillis auprès de ses amis les fous par son grand-père Dubuisson, devînt un poète, ami des surréalistes, fervent lecteur et récitant d'Aragon et d'Eluard. Il garda auprès de lui, chez lui, les œuvres des fous de son enfance, elles accompagnèrent sa vie jusqu'à la fin de ses jours.

Célestin Louis Maxime Dubuisson était sans doute plus proche que son petit-fils Lucien des origines populaires et villageoises de son père, le tonnelier. Cherchant dans mes souvenirs un écho à cette ambiance populaire et villageoise, je le retrouvai dans les inénarrables et joyeux banquets d'autrefois à l'hôpital de Saint-Alban où, attablée avec Lucien Bonnafé et les infirmiers de l'hôpital, j'écoutais, émerveillée, chacun y aller de son histoire, voire la répéter plusieurs fois, avec une jubilation sans défaillance. Lucien Bonnafé n'était jamais en reste dans cet exercice qui avait quelque chose de la beauté antique.

Célestin Louis Maxime Dubuisson, aliéniste

Si nous ne savons pas où étudia le jeune Célestin Louis Maxime, pas plus que s'il eut des frères et sœurs[1], ni comment et quand il quitta Saint-Tricat et le Pas de Calais, il est quand même permis de supposer que les études poursuivies par le fils du tonnelier, portent la marque de l'école républicaine. A la fois bachelier en sciences et en lettres (à l'époque, la discipline réputée la plus difficile était celle des lettres), le fils du tonnelier de Saint-Tricat termina avec succès ses études de médecine en soutenant sa thèse à Paris en 1878. Son père, s'il était toujours en vie, avait alors 72 ans. Nous savons encore moins comment l'enfant de Saint-Tricat décida de s'engager dans la profession d'aliéniste. La famille raconte qu'il fit un beau mariage, ayant épousé une fille Salmon.

---

[1] Nos démarches auprès de la descendance sont restées pour le moment sans réponse.

Pendant les deux dernières années de préparation de la thèse de médecine qu'il soutînt à Paris en 1878, le Dr. Maxime Dubuisson fut employé au Bureau des Statistiques de la Préfecture de la Seine. [2] Après la soutenance de sa thèse, Célestin Louis Maxime fut recruté pour faire son internat à l'asile public d'aliénés de Saint-Yon, près de ROUEN, en 1879. Dès 1880, il le quitta pour occuper un poste de médecin-adjoint à l'asile public de la Roche-Gandon, en Mayenne, où il ne resta même pas une année, étant nommé médecin-chef à l'asile privé de LEYME, dans le Lot, faisant fonction d'asile public. En 1888, il renoua avec le « public » en étant réintégré en qualité de Médecin-Adjoint de 1ère classe, à l'asile public de Quatre-Mares, près de Rouen où il resta deux ans. En 1890, il quitta l'asile de Quatre-Mares et devînt médecin-directeur de l'asile de DURY lès AMIENS, qui venait d'être construit et où tout était à installer. Il partit de DURY lès AMIENS au début de l'année 1893 pour diriger l'asile de Braqueville à TOULOUSE. C'est à Braqueville qu'il se fixera vraiment. Il

---

[2] C'est dans ce Bureau des Statistiques qu'à peu près vingt ans plus tard, à partir de Janvier 1894, Gabriel Tarde, le célèbre sociologue, exerça comme « Chef de Bureau de la Statistique des Affaires Criminelles et des Grâces ».

y restera 15 ans médecin-directeur jusqu'en 1908, date à laquelle il fit valoir ses droits à la retraite, à 57 ans, après 29 ans de service dans les asiles d'aliénés.

Les quelques écrits que nous avons trouvés au sujet de Célestin Louis Maxime Dubuisson répètent la même chose de l'un à l'autre, et en général, peu de choses. On le trouve souvent décrit comme un « contestataire », ce qui n'avait sans doute pas beaucoup de sens à son époque, mais serait censé inscrire une filiation solide – par abduction -, avec les engagements militants de son petit-fils. L'histoire se fait plus discrète sur les similitudes, à des années de distance, du parcours du grand père et du petit-fils, tous deux ayant travaillé dans les mêmes établissements (Rouen, Saint-Alban), tous deux en temps de guerre, l'un pendant la première, l'autre pendant la deuxième.

Chaque année, les médecins-directeurs des asiles devaient envoyer des rapports d'activité au Préfet. Le Docteur Dubuisson n'avait pas peur des mots et il avait son franc parlé. Ses rapports d'activités, s'ils étaient documentés avec la précision qu'on pouvait attendre d'un ex-employé du Bureau des Statistiques, étaient remplis de déclarations percutantes, agrémentés de dessins et de poèmes, et devaient réveiller la toujours possible somnolence administrative. Le plaisir visible qu'il prenait à ces joutes verbales, marquées d'un humour irrésistible, se transmettait sans aucun doute à ses auditeurs et ses lecteurs

Pour réjouir les lecteurs d'aujourd'hui, - il se peut qu'à défaut de se réjouir, ils se limitent à s'interroger, à la suite de Karl Marx, sur le sens de la répétition dans l'histoire : la première fois tragédie, la deuxième fois, comédie -, voici une des savoureuses déclarations du docteur Dubuisson, extraite des «Notes à l'appui du Compte de Gestion, Rapports et Délibérations au Conseil Général de la Haute Garonne » :

...« *Les classifications sont nécessaires, sans doute, mais il ne faut pas leur demander plus qu'elles ne peuvent donner et ne pas prétendre classer, de façon absolue, toutes les folies, diverses et changeantes. Le mot si simple de folie n'est plus à la mode ; il faut, paraît-il, le rayer des cadres, il a fait son temps.)*

Déjà, ce ne serait pas chose facile de classer, d'après leur mentalité, les gens raisonnables, ou soi-disant tels ; et, dans le classement des hommes d'après leur taille, le dernier des grands et le premier des moyens se confondent, et l'assemblage, dans l'ordre des mammifères, de la baleine et de la chauve-souris m'a toujours laissé rêveur. Certains cherchent à classer d'après leur cause, les diverses formes de folie, et on espère trouver la cause des maladies mentales, la cause matérielle, dans les laboratoires futurs ou présents. Je reste sceptique, quand je songe aux causes si diverses qui maîtrisent l'âme humaine.

Un serrement de main, un regard vous enflamme
Un geste indifférent vous met la mort dans l'âme

Et puis, dans bien des autopsies que j'ai faites, j'ai trouvé des lésions énormes sans symptômes morbides, et, inversement, des symptômes énormes sans lésions apparentes.

....

....

On devrait afficher à la porte des laboratoires d'Asiles d'Aliénés

On vit de bonnes soupes
Et non de fines coupes

Je suis convaincu que la meilleure façon d'observer, de connaître, de soigner mes bons amis les fous, c'est de vivre au milieu d'eux, de les suivre, de les interroger peu, de les écouter beaucoup et, ce que j'ai fait à Toulouse pendant seize ans, en mon cabinet de consultation, en ville, de les étudier dans leur milieu social ».......[3]

Dans un autre de ses rapports Dubuisson déclarait, à propos de l'hospitalisation des alcooliques : « S'il a l'alcool gentil, je le laisse sortir, mais s'il a l'alcool méchant, je le garde ! »

On pourrait en citer ainsi des centaines : toquades, poésies, déclarations où Dubuisson fait montre de courage et de liberté. Toute forme de soumission semble lui être étrangère. Son petit-fils Lucien aura lui aussi cette liberté généreuse et joyeuse dans la parole, les actes et les éclats de rire, avec un sens des formules très poétique. Il apportait à tout cela son style original, celui de l'engagement et du militantisme déclarés, appliqués à l'amélioration du sort des citoyens pris de folie.

---

[3] Rapports et Délibérations. Conseil Général de la Haute Garonne. Notes à l'appui du Compte de Gestion page 341-342 BNF

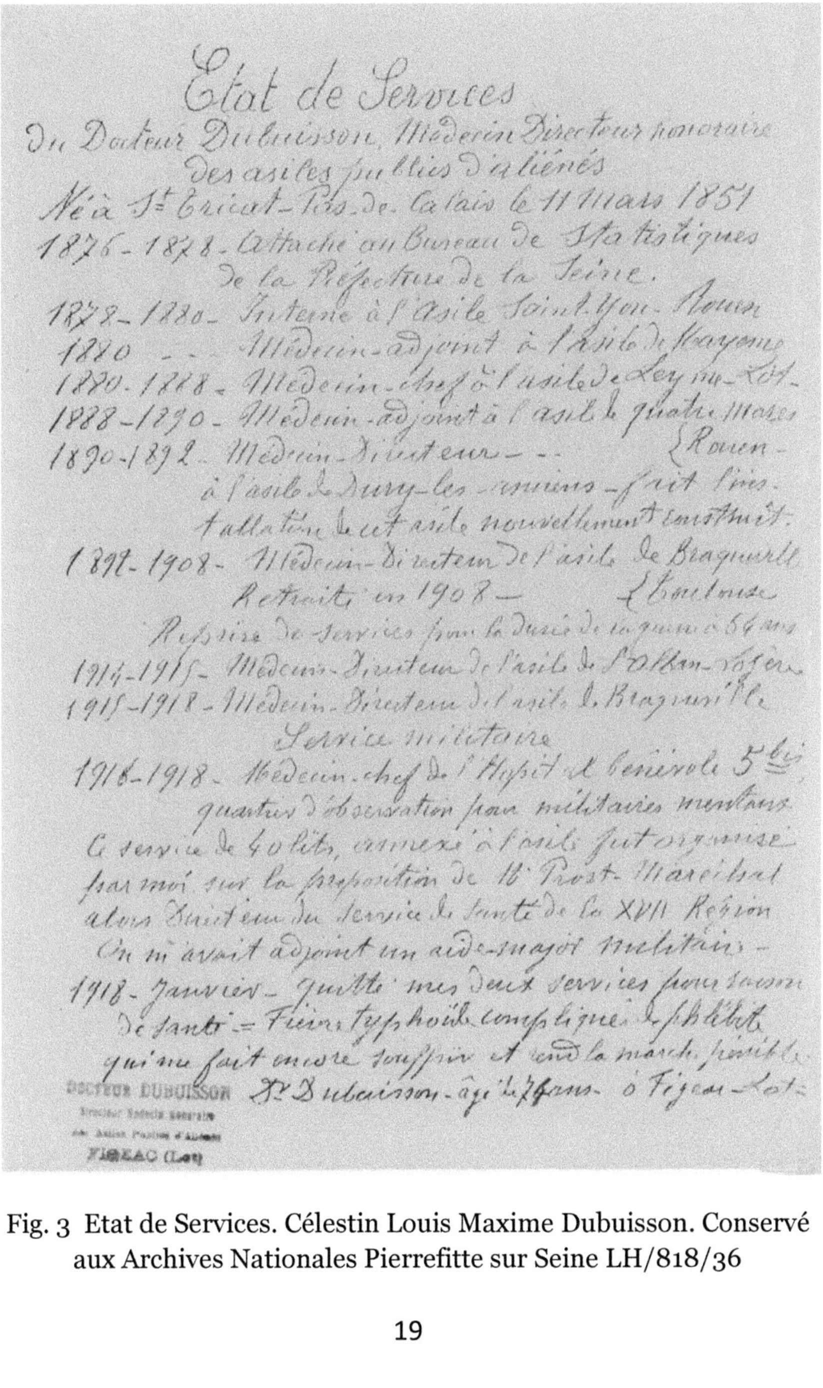

Etat de Services
du Docteur Dubuisson, Médecin Directeur honoraire
des asiles publics d'aliénés
Né à St Ericat-Pas-de-Calais le 11 Mars 1851
1876-1878 - Attaché au Bureau de Statistiques
de la Préfecture de la Seine.
1878-1880 - Interne à l'asile Saint-Yon-Rouen
1880 - - - Médecin-adjoint à l'asile de Mayenne
1880-1888 - Médecin-chef à l'asile de Leyme-Lot-
1888-1890 - Médecin-adjoint à l'asile de Quatre Mares
1890-1892 - Médecin-Directeur - - {Rouen-
à l'asile de Dury-les-Amiens - fait l'ins-
tallation de cet asile nouvellement construit.
1892-1908 - Médecin-directeur de l'asile de Braqueville
Retraité en 1908 - {Toulouse
Reprise de services pour la durée de la guerre à 64 ans
1914-1915 - Médecin-Directeur de l'asile de St Alban-Lozère
1915-1918 - Médecin-Directeur de l'asile de Braqueville
Service militaire
1916-1918 - Médecin-chef de l'Hôpital Générale 5 bis
quartier d'observation pour militaires mentaux.
Ce service de 40 lits, annexé à l'asile fut organisé
par moi sur la proposition de M. Prost-Maréchal
alors Directeur du service de santé de la XVII Région
On m'avait adjoint un aide-major militaire -
1918 - Janvier - quitté mes deux services pour raison
de santé = Fièvre typhoïde compliquée de phlébite
qui me fait encore souffrir et rend la marche pénible
Dr Dubuisson - âgé de 76 ans - à Figeac-Lot -

DOCTEUR DUBUISSON
Directeur honoraire
des Asiles Publics d'Aliénés
FIGEAC (Lot)

Fig. 3 Etat de Services. Célestin Louis Maxime Dubuisson. Conservé aux Archives Nationales Pierrefitte sur Seine LH/818/36

Figure 4. Girouette à Saint Alban. La Bête du Gévaudan.
©*a.bertomeu*

L'asile de Saint-Alban

Vînt l'année 1914 et la déclaration de guerre. A 63 ans, le docteur Dubuisson était trop âgé pour être mobilisé. Il choisit pourtant d'abandonner le calme de sa retraite et de reprendre du service à l'hôpital public et à l'asile. Une grande partie du personnel masculin ayant été mobilisée, - y compris médecins et médecins directeurs -, le fonctionnement de ces établissements avait été bouleversé. De 1914 à 1915, à Saint-Alban, puis de 1915 à 1918, de retour à Braqueville, l'asile de Toulouse, le Dr. Dubuisson participera à la Grande Guerre et servira son pays en devenant médecin-directeur intérimaire, en remplacement de ses collègues partis au front.

L'asile de Saint-Alban où il arriva en 1914, avait été créé dans cette contrée inhospitalière en 1821 par le frère Hilarion Tissot, moine, sorcier, créateur en son temps de nombreux asiles d'aliénés qu'il espérait voir devenir les lieux d'une vie « protégée » pour les fous. Il avait d'abord reçu les

« femmes aliénées ». En 1824, le préfet avait racheté le château pour y ouvrir un asile d'aliénés départemental.

Pendant son séjour dans les montagnes et les neiges de Lozère, le Dr. Maxime Dubuisson découvrit et recueillit nombre d'œuvres artistiques de ses amis les fous. Il fit fabriquer par un des malades un lustre et une horloge en ferronnerie très finement ouvragés. Comme en témoignent les girouettes qui ornent les toits et les croix sculptées dans les cours d'église du village de Saint Alban, le travail du fer est une activité appréciée des villageois. Mais le lustre a quelque chose de particulier : il est ciselé, guilloché, jusque dans le moindre de ses détails : nervures des feuilles minutieusement gravées, pétales des fleurs sculptés, les petits boulons eux-mêmes sont travaillés avec une extraordinaire précision.

Fig.5. Chez Lucien Bonnafé. Déménagement du lustre
© *serhep*

Fig. 5. Le lustre de Saint-Alban au Musée de la Serhep ©*serhep*

En 2006, selon la volonté de Lucien Bonnafé, le lustre et l'horloge ont été installés dans le Musée créé par la SERHEP à Ville-Evrard.

Les aléas que peut connaître un Musée hébergé par un établissement hospitalier n'ont pas permis que le lustre soit accroché d'une manière idéale, mais nous ne désespérons pas d'y arriver un jour.

Les services techniques de l'hôpital ayant décrété le plafond du Musée trop fragile, les ouvriers ont construit une sorte de hampe pour soutenir le lustre en l'accrochant en haut du mur Pas moyen de le faire placer au centre du plafond de l'immense salle de l'ancien Vestiaire occupée aujourd'hui par le Musée. A partir du moment où le lustre est accroché bien au centre du plafond et lorsqu'il est éclairé, toutes les petites fleurs et les sculptures de la ferronnerie se reflètent autour de lui.
Tel qu'il est pour le moment, les petites fleurs n'apparaissent que très partiellement et à l'heure où le jour commence à baisser. C'est à cette heure-là que le Musée atteint son apogée et que les lumières et les ombres dansent sur les murs.

A Saint-Alban, le Dr. Dubuisson avait fait la connaissance du sculpteur dessinateur Auguste Forestier, dont les œuvres servaient souvent de jouets aux enfants du pays.

Placé à l'asile pour avoir fait dérailler un train en installant des cailloux sur la voie, Auguste Forestier sculptait des merveilles avec les matériaux de rebut qu'il récupérait aux cuisines : cagettes, morceaux de bois, boutons, capsules, bouts de tissu, ficelle, os, etc. Forestier construisait ainsi des objets extraordinaires, des bateaux splendides avec tout leur équipage, des hommes coqs, des chars à bœufs, des animaux fantastiques.

Pour éviter de le contourner avec leurs troupeaux, les paysans traversaient l'asile avec eux, entrant par une des portes, sortant par l'autre. Forestier disposait sur leur chemin un petit éventaire avec ses productions artistiques, qu'il échangeait contre du chocolat, des œufs, du vin, des cigarettes. Il dessinait aussi. Maxime Dubuisson rapportera de Saint Alban des « Cahiers» merveilleux, composés des dessins de Forestier. Des années plus tard, en 2007, Madeleine Lommel, fondatrice avec ses amis de l'association L'ARACINE du premier Musée d'Art Brut de France à Neuilly sur Marne, en Seine Saint Denis, racontait que lorsqu'elle avait vus pour la première fois ces dessins un jour où Lucien Bonnafé les avait sortis d'un des tiroirs de l'immense armoire sculptée qui ornait son salon, elle, « avait tout de suite vu que c'étaient des dessins de Forestier ! », - « Il n'y avait pas de doute disait-elle en ajoutant : Et dire qu'il y en a plein qui pensaient qu'il était incapable de dessiner ! ». Cependant, il semble que l'attribution des dessins à Forestier se fût perdue en chemin. Car on peut la trouver désignée par plusieurs auteurs, bien avant leur «redécouverte » par Madeleine Lommel.

Lucien Bonnafé aimait ces œuvres. Il était profondément, lui aussi, un artiste, en lien de profonde amitié, et de vraie connivence avec beaucoup d'autres. Cependant, si, pour lui, l'art avait une place de choix, c'était celle qui le liait à la réalité psychique, l'inconscient et la poésie. Ce qui restait quand même au premier plan, c'était toujours la question « Comment soigner ?, et son pendant hippocratique : « D'abord ne pas nuire ? ». Il s'intéressait peu aux débats esthétiques et aux exposés savants sur l'art. L'art était pour lui un enjeu de transformation de la vision du monde. Dans l'art du fou, il reconnaissait ce qu'en disait François Tosquelles : « un geste vers l'autre », de si loin qu'il soit venu.

Les cahiers d'Auguste Forestier, et de nombreuses pièces de l'ensemble réuni par Maxime Dubuisson, ont été, depuis, confiés par Lucien Bonnafé, sa fille Marie et notre société d'histoire, la SERHEP, au Musée d'Art Brut de Villeneuve d'Ascq. Plusieurs objets de grande valeur artistique sont cependant restés dispersés « dans la nature », au cours de différentes Expositions qui avaient eu lieu du vivant de Lucien Bonnafé, les exposants les ayant parfois gardés par devers eux. Mais Lucien Bonnafé tenait rigoureusement à jour les listes des œuvres qu'il prêtait généreusement, et nous ne désespérons pas de les voir un jour à nouveau rassemblées.

Lorsque Célestin Louis Maxime Dubuisson rapporta dans la maison de Figeac ses trésors de Saint-Alban, l'horloge, le lustre, les sculptures de Forestier, et les œuvres de « ses amis les fous », le petit Lucien les accueillit du haut de ses trois ans. C'est ainsi qu'il fut, comme il le disait : « dès sa tendre enfance, nourri par la Bête ».

A son retour de Saint-Alban, le Dr Célestin Louis Maxime Dubuisson avait repris à Toulouse la direction de son cher asile de BRAQUEVILLE, où il contribua à la création d'un service dont il était très fier : l'hôpital bénévole 5 bis, d'une capacité de 46 lits, destiné aux militaires « blessés mentaux ». Mais, « touché fin 1917 par une fièvre typhoïde compliquée d'une phlébite », il dut quitter « ses deux services » pour se retirer dans sa maison de Figeac avec ses enfants et ses cinq petits-enfants, parmi lesquels le petit Lucien.

Alors que, depuis sa retraite de Figeac, le grand-père écrivait au Grand Chancelier de la Légion d'Honneur pour obtenir la décoration que ses services lui avaient fait mériter, le petit Lucien Bonnafé qui avait grandi, atteignait sa treizième année. Il a très souvent décrit son enfance heureuse au milieu des œuvres de fous installés dans la maison familiale par son grand-père, et l'influence que cet art avait exercée sur lui « Je me dois d'attester que si je suis ce que je suis, c'est pour beaucoup à l'œuvre des fous et des folles que je le dois. Mes jouets d'enfant étaient surtout cadeaux de leur part (…). C'est probablement à cette heure que j'ai appris à ne pas traiter les productions des fous dont ma vie a été jonchée comme objets de regard pathologiste ».

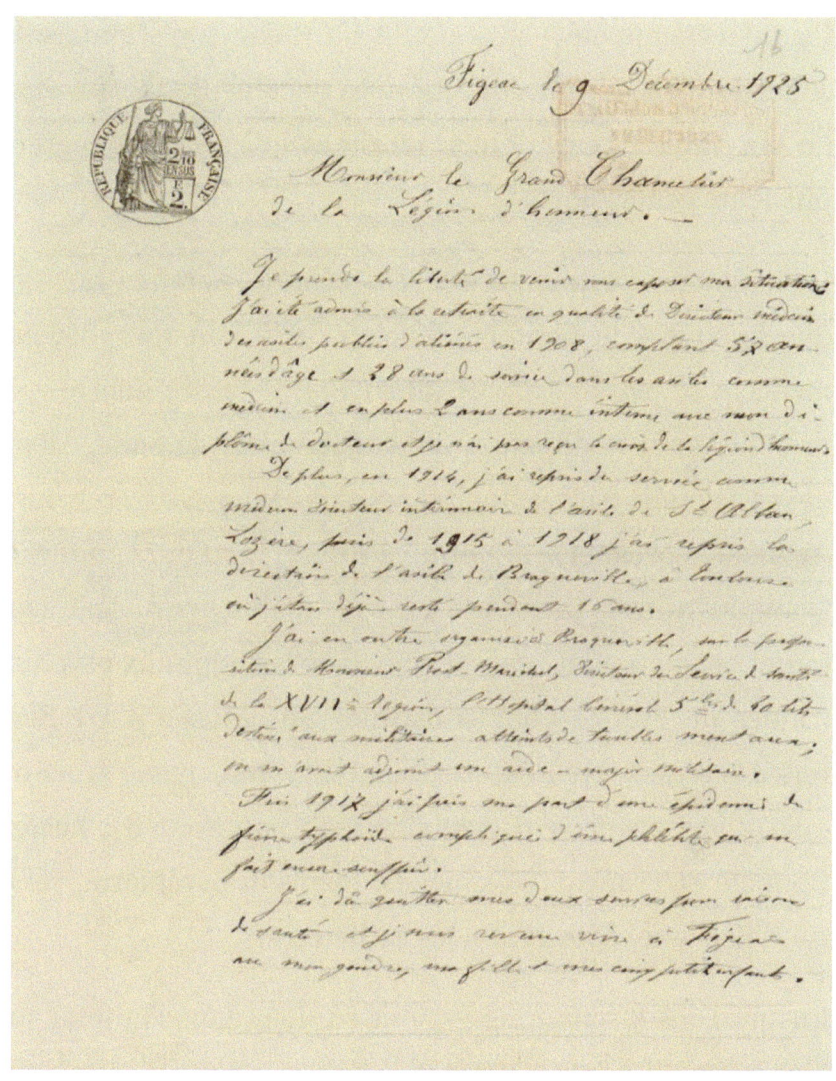

Fig.6. Lettre de Dubuisson au Grand Chancelier de la Légion d'Honneur. 1925. Document conservé aux Archives Nationales de Pierrefitte sur Seine LH/818/36

Ce qui a été appelé – sans doute à tort car ce n'était pas un collectionneur – « la collection du docteur Bonnafé » était un ensemble d'objets amis et aimés qui accompagnèrent plusieurs générations.

La longueur, voire l'éternité des séjours asilaires ont fait que lorsque « le petitou » Lucien fut à son tour devenu médecin et psychiatre, et qu'en 1943, - autre guerre -, il prit lui aussi la direction de l'ancien asile de Saint-Alban devenu depuis 1937 « hôpital psychiatrique », il y retrouva Auguste Forestier, toujours présent, toujours interné. Quelques années plus tard, fin 1947, début 1948, Jean Dubuffet entrepranant une collecte dans les hôpitaux psychiatriques de France pour constituer un Musée d'Art Brut reprit contact avec Saint-Alban, (il y était passé trois ou quatre ans avant et n'avait pas reçu bon accueil), Lucien Bonnafé et François Tosquelles, médecin psychiatre, réfugié d'Espagne, détestant « les esthètes ».

Ensuite, des discussions avaient eu lieu dans l'hôpital sur l'intérêt qu'il pouvait y avoir à faire connaître les œuvres des malades.

Fig. 8 François Tosquelles sur un toit de Saint-Alban brandissant un bateau d'Auguste Forestier. 1948. photo Raymond Vigouroux ©
L'Aracine collection

En 1948, François Tosquelles, qui faisait office de médecin-directeur, confia à Jean Oury, le jeune interne de 27 ans, la tâche d'accompagner Jean Dubuffet dans sa collecte. [4]

De là sortiront le sujet de thèse de Jean OURY sur la création esthétique, ses premiers articles sur l'art brut publiés dans les Cahiers de l'Art Brut, et la constitution de la collection particulière de Jean Oury. Et, à partir de l'expérience de Saint-Alban, s'affirmera et se mettra en œuvre, la volonté d'en finir avec l'asile et les internements à vie, et de « renverser » le système de soins.

En 1988, Jean OURY, avec qui je travaillai depuis de nombreuses années à la clinique de La Borde, me confia l'ensemble de sa collection pour une Exposition dont j'assurai le commissariat à la Revue parlée au Centre Pompidou à Paris. Merri Jolivet, le peintre qui avait d'abord été pressenti pour cette Exposition, avait pris la fuite dès

---

[4] Les œuvres de Forestier seront recueillies en 1947/48/49 par Jean Dubuffet, lorsqu'il fera sa collecte dans les hôpitaux psychiatriques français. Jean Dubuffet correspond alors avec le docteur Jean OURY, avec l'accord de François Tosquelles, pour que Dubuffet rassemble ces œuvres dans l'idée d'ouvrir son Musée d'Art Brut. Finalement Jean Dubuffet accueillera cet ensemble dans le Musée qu'il va créer pour lui à Lausanne : le CAB ou Collection d'Art Brut. Cf. échanges de courrier. Jean Dubuffet-Jean Oury, Lausanne. CAB, Vincent Monod.

que la réalisation du projet avait été ébauchée, tout à coup épouvanté par le tour qu'avait pris cette idée. Nous avions alors formé un groupe avec Blaise Gauthier, Félix Guattari, le Groupe Lézard du Club de La Borde, Roger Gentis et l'Association Aloyse de Fleury les Aubrais. Cette Exposition fut la première Exposition en France où l'Art Brut n'était pas considéré comme spécial et réservé. Elle était présentée et réalisée avec des « malades », des artistes, et des services hospitaliers, le tout dans un Centre d'Art « normal ». A côté des œuvres de certains pensionnaires de La Borde, on trouvait un magnifique tableau d'Antonin Artaud[5]. Sans hiérarchie, et cela marchait à merveille!

Chose étrange, à l'époque, personne ne me conseilla d'aller voir Lucien Bonnafé. S'agissant d'une Exposition dont le thème était celui des œuvres d'art qui balisaient l'itinéraire de la psychothérapie institutionnelle, et d'une

---

[5] Ce tableau, grand dessin en couleurs, habituellement accroché au-dessus du divan de François Tosquelles dans son bureau à Granges s/Lot, nous avait été prêté par François et Hélène Tosquelles.
En nous le confiant, Hélène Tosquelles nous expliqua qu'il leur avait été donné par Jean Dubuffet, et qu'A. Artaud y avait fait le portrait de la femme de celui-ci, la danseuse Lili Dubuffet, par ailleurs très liée avec une autre Lili, danseuse elle aussi, épouse de Louis-Ferdinand Céline.
Cf Agnès Bertomeu. Pour la pratique artistique à l'hôpital. Intervention Chartreuse de Dijon 27 mars 2012. Itinéraires Singuliers, disponible à la SERHEP

initiative « Revue-Chimères La Borde », il en était d'emblée écarté. Son œuvre qui avait profondément et définitivement transformée la psychiatrie était reconnue, mais à travers le prisme du « public », de l'hôpital La psychiatrie de secteur n'était pas une école, mais un dispositif, un agencement au service des populations. Lucien Bonnafé disait en 1992:

« Le pire serait une école désaliéniste qui serait à l'intérieur de la psychiatrie. Celui qui ne connaît que la psychiatrie ne connaît même pas la psychiatrie, il ne connaît que la pensée des cénacles ». Il voulait une psychiatrie ouverte qui se confondrait avec la vie, les entours. Et il invitait tout le monde aux Journées de Saint-Alban qu'il avait fondées en 1986.

A l'occasion de cette exposition de 1988-89, intitulée Art et Folies, au Centre Pompidou, je reçus Henri Maldiney, invité par Jean Oury, et participai à la préparation de leur rencontre, dont allait sortir plusieurs chapitres de l'ouvrage « Création et Schizophrénie »[6]. J'eus la tâche de

---

[6] Création et Schizophrénie. Jean OURY, Henri MALDINEY, Galilée éd. 1989

le relire et de le corriger. J'avais ainsi la chance inestimable de côtoyer de très près le cheminement de leur pensée sur l'art des fous. Jean Oury ainsi que François Tosquelles, en me confiant tous leurs trésors d'Art Brut, m'enseignèrent aussi leur cheminement artistique et celui des œuvres des fous.

A l'époque, je travaillai à la clinique de La Borde, - d'abord de 1969 à 1973 de manière épisodique, puis à temps plein jusqu'en 1989 -, vivant sur place comme les anciens des asiles. J'y avais toutes sortes d'activité avec les psychotiques: le théâtre, le journal « La Borde Eclair », de 1976 à 1986, devenu pendant ces dix ans une revue poétique et littéraire exceptionnelle, un véritable Club des Poètes. La Borde Eclair avait été présenté à l'Exposition et y avait fait l'objet de l'impression d'un remarquable petit livret.

Début 1989, je décidai de quitter la clinique pour rejoindre, à Ville-Evrard le dispositif du secteur public, la psychiatrie « en ville » créée par Lucien Bonnafé et ses amis. C'est en 2004 que je fus élue Présidente de la Société d'Etudes et de Recherches Historiques en Psychiatrie, la SERHEP, et développais dans ses locaux - ceux de l'ancien Vestiaire Central de l'Asile -, l'extraordinaire petit Musée d'Art et d'Histoire de la Folie et de la Psychiatrie dont j'y avais trouvé une ébauche, créée par mes prédécesseurs.

Lucien Bonnafé avait voulu confier à la SERHEP sa bibliothèque psychiatrique, il voulait qu'elle soit à l'hôpital, qu'elle y soit utilisée par le personnel. . J'appris à mieux connaître son œuvre, à laquelle, curieusement, le théâtre de l'engagement, faisait une sorte d'écran. Ses engagements étaient pourtant bien réels. Jamais ils ne se réduisirent à une pose. Ils étaient la suite d'une absence totale de compromission avec toutes les formes d'exploitation d'autrui. Mais il semble que ces traits qui font sa popularité et forcent l'estime, par tout le courage qu'ils révèlent et qui fascine, cachent, comme derrière un de ses éclats de rire, un travail immense, une œuvre de chef de service « au service », attaché à l'architecture, aux circulations, à la mixité, celle d'un de ceux qui ont pensé et œuvré pour la réalisation d'une psychiatrie« libre », sans murs, en ville.

Squelette et Semainière

Fig. 7. L'horloge de Saint-Alban.
Cadran face. Etat d'origine
2008©*serhep*

Dans le couloir de l'entrée de la maison de Lucien Bonnafé, devenu psychiatre « désaliéniste », l'horloge de Saint-Alban était une vieille chose toujours aimée, un souvenir arrêté dans le temps. «Je ne l'ai jamais vue marcher », disait Marie, la fille de Lucien, qui la connaissait depuis sa petite enfance. Toute une histoire se racontait à propos de cette horloge. « Fabriquée par un fou de Saint-Alban qui n'avait jamais touché à l'horlogerie, un homme qui aurait été en même temps pris d'un génie horloger et d'un délire ! ». La facture de son horloge n'aurait rien à envier à celle d'un horloger! Alors qu'il n'y connaissait rien! Horloge de fou! Maestria de la folie ! Qu'elle soit arrêtée, comme le sont toujours les horloges d'asile psychiatrique, cela semblait aller de soi!

En installant l'horloge dans le Musée, j'étais arrivée à déchiffrer une inscription gravée en latin sur le battant : « horas non numero nisi serenas ». « Je ne compte que les heures heureuses (ou sereines) », devise classique de cadran solaire, qui, à la faveur d'un glissement sémantique fait passer le sens de serein – jour éclairé – à celui de serein, jour paisible ou heureux. Au moins l'horloge parlait.

Il arriva qu'un jour, je fusse très préoccupée de marques d'usure des fils de laine avec lesquels a été tricotée la couronne de la reine[7], assez préoccupée pour aller trainer mes guêtres au Salon des Métiers de la Restauration au Carrousel du Louvre à Paris. En circulant d'un stand à l'autre, j'arrivai devant l'éventaire d'un maitre horloger qui présentait des horloges qui ressemblaient beaucoup à celle de Maxime Dubuisson. Je lui demandai si elles pouvaient marcher. Il me dit: « Bien sûr, c'est mon métier de les faire marcher ! ». Et promit de m'envoyer un devis si je lui envoyai des photos de l'horloge de Saint-Alban.

Ce que je fis.

Nous reçûmes de Francois SIMON-FUSTIER, maître horloger, non seulement un devis de restauration, mais aussi une description de l'horloge. C'était une horloge, nous disait-il, « squelette » c'est-à-dire sans habillement ni coffrage. « Squelette et Semainière », c'est-à-dire pouvant donner l'heure une semaine sans s'arrêter. Ensuite, dans l'email que

---

[7] Cf. « La Véritable Histoire de la Robe de la Reine ». Agnès Bertomeu. 2013 SERHEP éd., en cours de publication,
 Tricotée au crochet avec des inserts de tissus brodés, la merveilleuse robe de la reine fabriquée par une malade de l'hôpital de Maison-Blanche est visible au Musée de la SERHEP.

nous reproduisons ici, daté de 2008, il nous écrivait comment elle pourrait fonctionner:

« *Bonjour,*

Votre horloge, selon la numération du rouage faite d'après photo, semble être capable de marcher huit jours sans être remontée et indiquer la seconde sur le cadran du haut.

La construction est assez simple:

A - Un barillet qui comprend une couronne de 150 dents environ et un tambour sur lequel s'enroule une corde ou un câble fin portant le poids (force motrice)

B - Une roue de centre qui fait un tour par heure. L'axe de cette roue qui reçoit la chaussée porte l'aiguille des minutes. La chaussée engraine avec la roue de renvoi qui elle-même engraine avec la roue des heures

C - Une roue intermédiaire, qui démultiplie le nombre de tours

D - Une roue d'échappement qui porte l'aiguille des secondes, et qui doit donc avoir 30 dents

E - L'ancre, qui laisse échapper une dent de la roue à chaque oscillation du balancier.

La révision d'un mécanisme de ce type est assez simple et facile à tarifer puisque le travail de base est toujours le même : devis en PJ.

Cordialement

François SIMON-FUSTIER »

Fig. 10. L'horloge de Saint-Alban. Etat d'origine. Profil ©serhep

Restauration

La pauvreté, voire la misère, était notre fidèle compagne. Pendant plusieurs années, de 2008 à 2014, nous avons gardé le devis de côté, ne pouvant payer cette restauration. Pas de personnel pour rechercher des fonds, pas d'aide pour des actions de ce genre, qui sont hors champ de la compréhension courante. L'histoire de la médecine, passe encore, mais l'histoire des fous et du personnel, pensez donc !

Vînt l'année 2014. L'archiviste de la ville de Neuilly sur Marne m'envoie un email : elle souhaite que la SERHEP prépare avec elle et la commune un événement à l'occasion de la remémoration de la Guerre de 14. Puis, c'est le Comité Départemental du Tourisme du 93, puis la Commission de Préparation du Centenaire qui me demandèrent de développer ce projet dans le cadre de Mission du Centenaire. Le projet que je fis pour la SERHEP fût labellisé par la Mission du Centenaire en avril 2014, mais, après avoir été trainé et reporté de commission en commission, toute subvention lui fût refusée en Janvier 2015, par le Comité National, malgré le soutien du Comité Départemental. Nous allâmes cependant au bout de nos engagements, dans la pénurie, mais avec des amis.

En construisant ce projet, voilà que j'avais été traversée par une idée lumineuse! Si on faisait revivre l'horloge de 1915, fabriquée en pleine guerre pour le docteur Dubuisson? Je repris contact avec le maître horloger de la Croix Rousse. Il était toujours partant. La question restait toujours la même: comment payer la restauration?

Autre idée lumineuse: lancer une souscription. Tout le monde a suivi! Peut-être parce que la devise inscrite sur le battant de l'horloge était prometteuse « non numero nisi horas serenas » je ne sonne que les heures sereines » grâce à un élan de générosité prodigieux. Il fallait réunir 1500 euros, et nous les avions!![8]

---
[8] Liste des souscripteurs en fin de chapitre

En quelques semaines, c'était gagné, l'horloge partait à l'atelier de la Croix Rousse, transportée avec le plus grand soin par une de mes cousines lyonnaises.

Après quelques mois d'attente, l'horloge est revenue. Brillant d'un nouvel éclat, portant un poids qui avait jusqu'alors manqué. Et elle marche! Les aiguilles avancent, avec un petit pas d'hésitation, mais elles avancent. C'est une émotion extraordinaire que de la voir s'animer.

Dans les pages qui suivent, veuillez prendre connaissance, de quelques ressorts de son fonctionnement envoyés par notre maître horloger

Principes de fonctionnement de l'horloge

Fig. 11. Horloge Etat initial © *serhep*

Le principe de fonctionnement d'un mécanisme d'horloge est assez simple et peut être résumé de la façon suivante:

Un poids tire sur un câble ou une corde enroulé sur un tambour. Cela génère une force qui met le rouage en rotation.

A la fin du rouage se trouve la roue d'échappement qui tire son nom de sa fonction. En effet une pièce appelé ancre interagit avec cette roue.

L'ancre comporte deux bras qui viennent tour à tour se bloquer dans les dents de la roue.

Le balancier entraine l'ancre dans son balancement et régularise l'échappement de la palette d'entrée (la première dans le sens de rotation de la roue d'échappement) et de la palette de sortie.

Lorsque la palette arrive à la pointe de la dent de la roue d'échappement, cette dernière glisse sur sa face d'impulsion et donne une énergie qui entretient le balancement. Un peu comme on repousse légèrement une balançoire pour qu'elle continue sa course.

Pour que le système fonctionne, il faut que l'horloge soit stable, non sujette à des tremblements et que le balancier ait une course équidistante de chaque côté de l'ancre.

Normalement le tic tac est régulier sur toute la rotation de la roue d'échappement et c'est donc à l'oreille que l'on va régler la position de l'horloge. Soit en jouant sur le cabinet de celle-ci avec des cales, soit en intervenant sur liaison entre le balancier et l'ancre (en faussant pour les modèles de base ou en déplaçant le chariot pour les autres)

Dans notre cas il y a un chariot dont le bouton va permettre de faire jouer dans un sens ou dans l'autre la vis mère sur laquelle se déplace les deux bras de la fourchette

Cette dernière encadre la tige du balancier qui la conduit dans son balancement.

On va donc dévisser ou visser le bouton du chariot et on constatera que le tic tac devient plus ou moins régulier selon le sens dans lequel on tourne. Il ne boite plus.

La difficulté dans le cas présent réside dans le fait que la roue d'échappement est « malronde » d'après le terme horloger, c'est-à-dire un peu oblongue et qu'il est impossible d'obtenir un tictac régulier sur l'ensemble de sa rotation. On devra donc trouver le réglage « le moins pire », en « apprivoisant » le mécanisme. »

François-Simon Fustier

Fig. 13 Horloge restaurée. Cadran. Face
©F-*Simon Fustier*

Fig. 14. Horloge restaurée. 2014. Profil
© F-Simon Fustier

Honneur aux souscripteurs

Ils ont fait revivre l'horloge
fabriquée à Saint-Alban
pour Maxime Dubuisson

Madeleine Abassade
Marc Aissa
Armand Ajzenberg
Monique Amar
Joëlle Amozigh
Geneviève Andrieu
Agnès Bertomeu
Hubert Bieser
Marie Bonnafe
Patrice Cauderlier
Marie-Thérèse Charrier
Christine Chaudet
Bernard Chérot
Bernadette Chevillion
Mme et M. Daldos
Marie-Françoise David
Association Donzelot
Marceline Fadhuile
Jean Garrabé

Agnès George
Philippe Giesberger
Dominique Hemy-Dockès
Claude Jeaneau
Mme et M. Serge Jolly
Marie-Claude Lancelot
Anne-Astrid Larguier
Danièle Lecomte
Danielle Levy
Bernard Le Tallec
Anne-Marie Maheas
Jacques Mahéas
Martine Mathieu
Françoise Maurer
Lise Maurer
Jacques Nevoux
Jean-François et Adeline Pastre
Serge Raymond
André Roumieux
Micheline Ruel-Kellermann
Jean-Marc Rennes
Houria Sahli
Christiane Sicot
Association La Sauce Singulière
Marie-José Tardif

Monique Thizon
Chantal Turquetil
Jean-Louis Vissol
Odette Waks

Qu'ils soient ici tous remerciés! Grâce à eux, l'horloge fabriquée en 1915 à Saint-Alban pour Louis Célestin Maxime Dubuisson a repris vie et mouvement. Elle attendait les heures heureuses. Les trouvera-t-elle? Peut-être quelques-unes ! Caminando caminar, c'est en cheminant qu'on fait le chemin, disait Macedo le poète et c'est comme ça qu'elles avancent, les heures malrondes de la vie !

Célestin Louis Maxime Dubuisson

Poète

Petits papiers retrouvés.

Toquade administrative

Prologue.

Alors qu'à l'Intérieur opérait Clémenceau
Monsieur de Saint-Sauveur était Chef de Bureau,
Pour caser l'un des siens, sans tambour ni trompette,
Clémenceau mit le Chef d'office à la retraite
Mais au Conseil d'État celui-ci fit appel,
Et rarement on vit un étonnement tel ;
Quand le Haut-Tribunal prononça dans l'affaire
Contre le Grand Cambour . . . .
. . . . Alors tombé par terre.

◆

A Monsieur de Saint-Sauveur.

Élégie

Lorsque sonna l'heure fatale
Comme on dit de faire sa malle,
Je suis parti tout bonnement
Et vous vous en fîtes autant.
Je le crus, mon âme candide
Se dit : « Il a trouvé son Dède (1)
Mais voilà que des bords du Styx
Vous revenez ; tel le Phénix,
Vous renaissez de votre cendre ;
Vraiment, c'est à n'y rien comprendre.

On a répété cependant
Qu'on ne voit plus de revenant ;
Vous l'êtes, si je ne m'abuse,
Croyez-le bien, cela m'amuse.
Vous disparaissez et soudain,
Ainsi qu'un ressort à boudin,
Vous rebondissez dans l'espace
Qu'est-ce que cette volte-face !
C'est on ne peut plus rigolo.
Qu'avait donc dans le ciboulot,

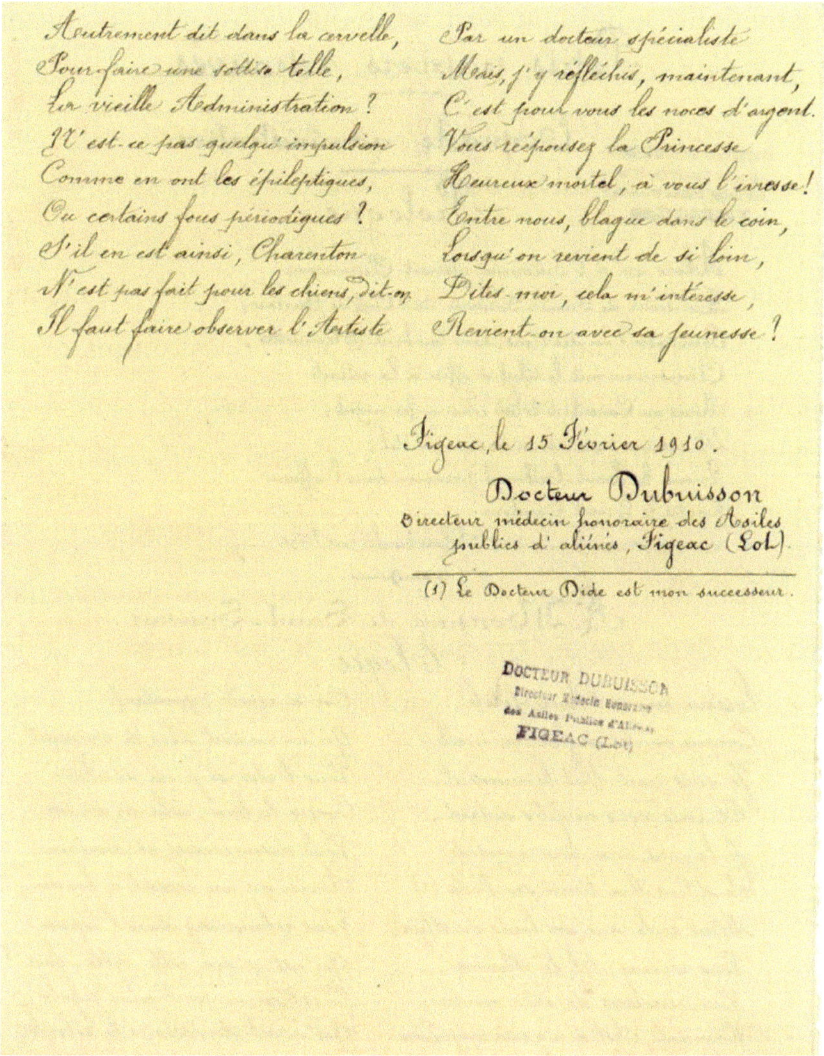

Autrement dit dans la cervelle,   Par un docteur spécialiste
Pour faire une sottise telle,   Mersi, j'y réfléchis, maintenant,
La vieille Administration ?   C'est pour vous les noces d'argent.
N'est-ce pas quelque impulsion   Vous épousez la Princesse
Comme en ont les épileptiques,   Heureux mortel, à vous l'ivresse !
Ou certains fous périodiques ?   Entre nous, blague dans le coin,
S'il en est ainsi, Charenton   Lorsqu'on revient de si loin,
N'est pas fait pour les chiens, dit-on.   Dites-moi, cela m'intéresse,
Il faut faire observer l'Artiste   Revient-on avec sa jeunesse ?

Figeac, le 15 Février 1910.

Docteur Dubuisson
Directeur médecin honoraire des Asiles
publics d'aliénés, Figeac (Lot).

(1) Le Docteur Dide est mon successeur.

DOCTEUR DUBUISSON
Directeur Médecin Honoraire
des Asiles Publics d'Aliénés
FIGEAC (Lot)

Fig. 15. Toquade administrative". Poème de Maxime Dubuisson adressé à M. de Saint-Sauveur à propos de son départ à la retraite. Document.conservé aux Archives Nationales Pierrefitte sur Seine LH/818/36

Celui dont Dubuisson écrit dans une note en bas de page à la fin de son poème : « le docteur Dide est mon successeur », fut arrêté à Toulouse, et déporté pour faits de résistance, à la suite d'une dénonciation, et mourut à Buchenwald en 1944. Le docteur Maurice Dide[9] avait été, le rappelle Jean Oury, celui qui avait fait sortir François Tosquelles du camp de Septfonds, en l'adressant au docteur Paul Balvet, à Saint-Alban. Balvet cherchait désespérément un médecin pour son hôpital perdu dans les montagnes.

A Saint-Alban, François Tosquelles apportait une psychanalyse dynamique, travaillée par le militantisme et le syndicalisme actif, qui transformait la compréhension du soin en psychiatrie et celle de la maladie mentale. L'enseignement de Freud et des phénoménologues allemands, était mieux connu et avait été traduit plus tôt en Espagne qu'en France. Après le départ de Paul Balvet, François Tosquelles eut comme médecin directeur Lucien Bonnafé, le petit-fils de Dubuisson. Ensemble, ils impulsèrent avec leurs collègues, Oury, Racine, Poncin, Millon, la transformation des conditions de vie à l'hôpital psy-

---

[9] Sur Maurice Dide : Caroline Mangin-Lazarus. Un psychiatre et la guerre. 1873-1944, Erès éd., 1994

chiatrique, d'où devaient naître la « psychothérapie institutionnelle et la transformation du dispositif de soins et de leur accès aux soins, soit la future psychiatrie de « secteur ».

Docteur Dubuisson
Directeur médecin honoraire des asiles publics d'aliénés,
Figeac, Lot

Chez les Fous

Auteur Albert LONDRES   Dessinateur Rouquayrol

Où la tête a passé, tout le corps passera!
Que signifie alors cette stupide image
Montrant un cabanon où la folle pourra
Par un léger effort se frayer un passage?
Les récits, les dessins montrent bien que l'auteur
Du livre « Chez les Fous » et le dessinateur
Nous le font à la blague et toutes leurs histoires
Rappellent les tréteaux des baraques de foire
Où les pitres, voulant peindre l'humanité,
Déforment constamment la simple vérité
Pendant plus de trente ans, j'ai connu les asiles,
Où jamais je n'ai vu lancer les projectiles
De vaisselle et de plats ni tout ce branle-bas
Dégoûtant qui dépeint la scène du repas.
Tout ça c'est du chiqué, ce n'est que du battage
Pour mes amis les fous n'ayant nul avantage
Le seul effet produit sera pour les parents
Des pauvres internés un motif de tourments.
On trouve dans ce livre et du noir et du rose,
Mais tout est travesti surtout l'apothéose
De ce vieux Braqueville où pendant dix-huit ans
J'ai soigné mes amis sans faire de cancans.

Figeac, le 20 septembre 1925

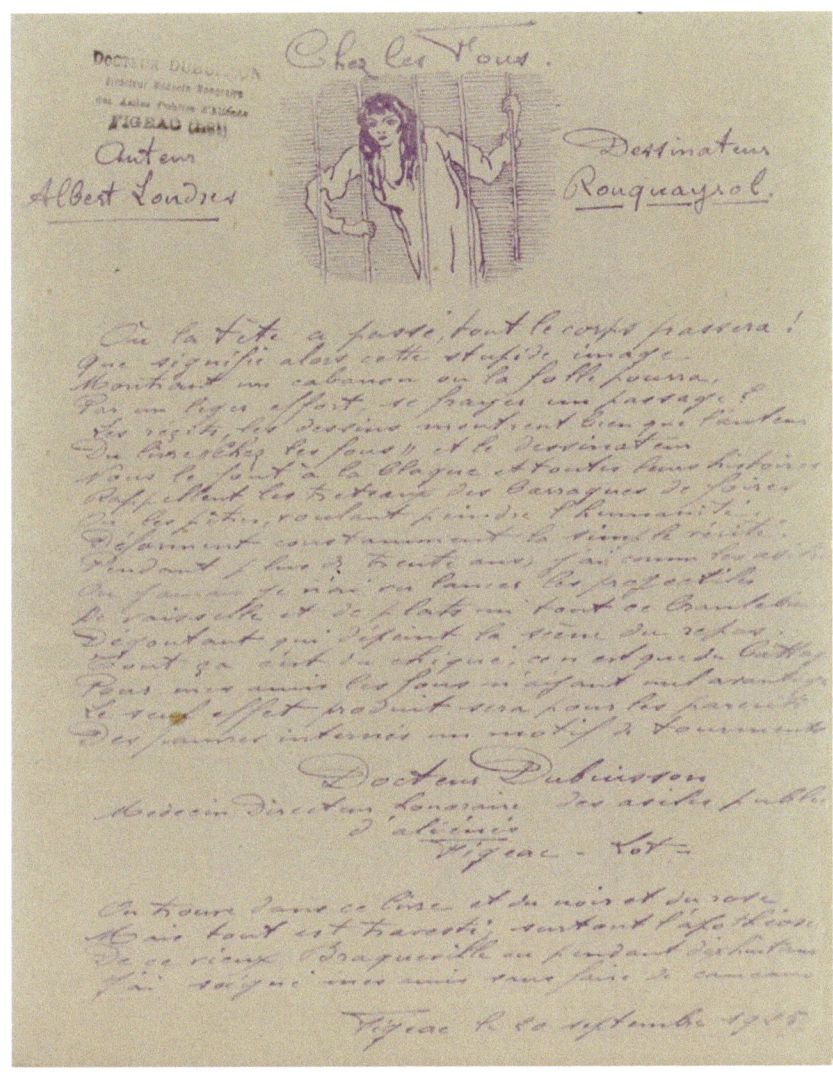

Fig.16. Manuscrit "Chez les Fous ». Maxime Dubuisson, A propos d'Albert Londres. Document conservé aux Archives Nationales Pierrefitte sur Seine LH/818/36

A Monsieur Dubuisson
Directeur de l'Asile

Merci ! Merci !

De m'exclure d'ici, quand donc sonnera l'heure ?

Un docteur réputé me disait: Au printemps.

Bien que vraiment guéri, toujours là, je demeure,

Unissant mes efforts pour bien passer le temps,

Irrité quelquefois car je la trouve longue

Sans me décourager de la même chanson,

Son oreille, à ma voix, s'éveillera dans l'onde
Où, d'ailleurs, elle tient à n'écouter qu'un son

N'entendre que : Merci ! Merci ! dit du buisson

MERCI

P. Trefel

Fig. 17. Lettre de P. Tréfel à Dr. Dubuisson Merci ! Merci
©*serhep.don Baldran*

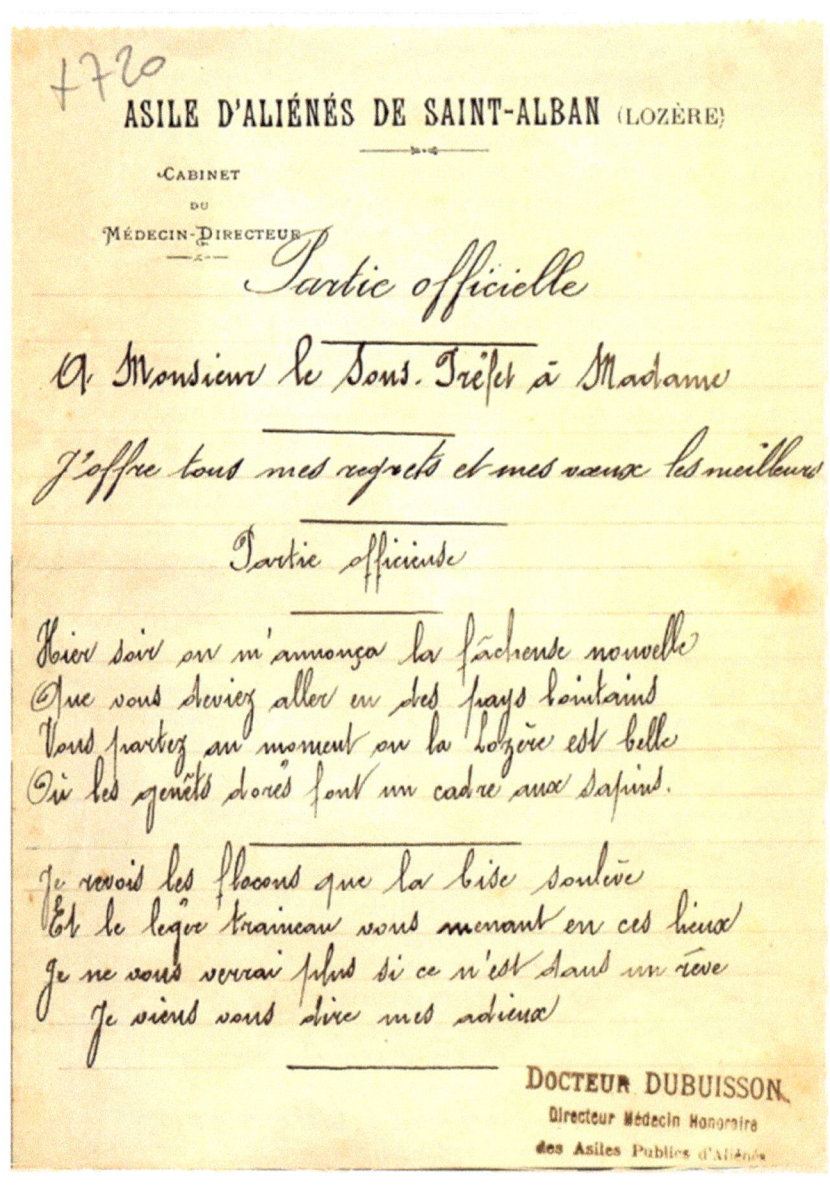

Fig. 18. Dubuisson. Lettre au Sous-préfet à l'occasion de son départ à la retraite© *achat P. Giesberger pour la serhep*

Inauguration à Saint Chély d'Apcher (Lozère)

Fig. 19 Fresque pour Lucien Bonnafé..
Hôpital de jour Lucien Bonnafé.
St Chély d'Apcher (Lozère)
Atelier de M. Bourdin ©a.bertomeu

Fig.20. Lucien Bonnafé à Ville-Evrard.
Journée Serhep. 1994.
©*serhep*

Saint Chély. Intervention

Agnès Bertomeu [10].

Lucien Bonnafé aurait eu 100 ans en cette année 2012 (le 15 Octobre). Il est cependant, comme un « classique », resté jeune et étonnamment d'actualité. Il aurait été heureux de voir cet hôpital de jour et ce CMP ouverts sur la ville, installés dans la ville, dans lequel ceux qu'on appelle aujourd'hui les « patients", circulent et s'activent librement ».

Lucien Bonnafé est une personne carrefour, un « moi qui fabrique des ponts », c'est-à-dire une vraie personne, au sens étymologique. Toute sa vie, il s'est interdit tout « réductionnisme personnel », et ceci au nom de la nécessité

---

[10] De nombreux sites internet présentent des biographies très complètes de Lucien Bonnafé. Celle-ci a été présentée par l'auteur le 22 mai 2012, pour l'inauguration du CMP et de l'hôpital de Jour Lucien Bonnafé, de Saint Chély d'Apcher, en Lozère, en présence de Madame le Dr. Marie Bonnafé, Daniel Terral, M. le Dr. Jacques Nevoux, et des patients et du personnel du CMP et de l'Hôpital de Jour Lucien Bonnafé

d'une authenticité et d'une efficacité de « soignant » engagé dans la psychiatrie.

Poète et ami des poètes, dessinateur et ami des peintres et des artistes, homme politique engagé, médecin psychiatre et psychothérapeute, pris dans une réflexion politique sur le dispositif de soins et l'architecture des établissements, loin d'être un homme dispersé, le psychiatre désaliéniste Bonnafé est un homme concentré sur une recherche qui a pris pour modèle de précision la poésie. Parce que le travail sur les mots, le choix des mots, dans l'écoute ou le parler, la façon d'énoncer, de dire réclament une rigoureuse et infinie recherche, et sont le produit d'une exigence intarissable et d'un échange qui construit inlassablement les êtres humains. On le sait on ne peut pas parler une fois pour toutes. Et il y a parler et parler. L'enchantement trame les relations humaines et les relations de l'homme au monde.

Mais pas seulement la poésie. Lucien Bonnafé employait son infinie curiosité à toute une diversité de registres en restant fidèle à la méthode marxiste de «praxis» ou de pragmatisme dialectique : pas de théorie sans engagement dans la pratique. Si un soin psychiatrique qui exclurait tout enchantement du monde n'aurait aucune efficacité, c'est au feu de la pratique que se forge l'outil théorique. Soit : pas de position qui soit de simples postures ou déclarations, mais pas non plus des actes réduits à leur parcours procédural.

Après la deuxième guerre mondiale en France, il y a chez les psychiatres une tension : le douloureux échec du fonctionnement asilaire et la mort par la faim de milliers de malades ont brisé l'harmonie qui, au dix-neuvième siècle, avait allié les aspirations de l'état bourgeois, des progrès de l'industrie et des sciences, la naissance des métropoles urbaines, les psychiatres, les préfectures, et l'utopie d'un ordonnancement du monde et des populations par la raison d'état. Cet échec tragique amène pendant et après la deuxième guerre mondiale à constater la misère tant médicale que sociale des patients, en même temps que celle de la de la psychiatrie en France. Misère à tous les points de vue, économique, scientifique, et à celui, plus général de la connaissance.

Changer le monde pour tous et construire la psychiatrie, ce sont des thèmes majeurs qui trouvent leur place après-guerre. Les psychiatres veulent construire une psychiatrie qui soit réellement une médecine, des soins qui soient des soins, pas une garderie morbide, ni un réservoir de population infantilisée et contrôlée.

Comment soigner en psychiatrie ? C'est en ce sens qu'il faut entendre la fameuse déclaration de Paul Balvet au Congrès de Montpellier en 1942 (c'est Jacques Postel qui m'a fait comprendre le sens des propos de Balvet). Balvet exprime le désespoir des psychiatres français devant leur impuissance à soigner, à faire de la recherche, et à faire progresser les soins et les méthodes de traitement dans leurs services d'hôpitaux.

Pour comprendre ce qui se passe à ce moment-là, il faut vraiment être attentif à cela : ce qui est important, qui va rassembler tous ces gens, qui ne sont pas tous du même parti politique ou du même groupe, comme Balvet, Daumezon, Bonnafé, Gentis, Torrubia, Sivadon, Ey, Mignot, etc.., c'est le souci de réaliser une psychiatrie qui soit une discipline médicale, et d'arriver à des soins qui soient des soins.
Donc, à Saint-Alban, c'est la naissance d'un dispositif de soins qui est en chantier, déjà pendant la guerre. Il devrait permettre de - comme le disait Lucien Bonnafé -, « faire

une psychiatrie au service des malades » et d'en terminer avec les stéréotypies du fonctionnement asilaire, les vies entières passées à l'écart du monde. Liberté de circulation, droit de vote pour les malades, clubs où ils ont des responsabilités, la vie de l'établissement doit avoir une sorte de plasticité institutionnelle, afin de lutter contre la force de l'entropie et la sédimentation. C'est ce que Lucien Bonnafé appellera l'esprit du secteur.

Cet esprit du secteur, qui montre le bout de son nez dès la fin de la guerre, représente un bouleversement considérable. Au lieu d'interner le malade de manière continue à l'hôpital psychiatrique, en ne le laissant sortir que « guéri », on acceptera de reconnaître que la maladie mentale, les troubles psychiques, sont une maladie grave, chronique, dont on ne guérit pas forcément, mais avec laquelle, comme avec d'autres maladies chroniques, on peut vivre, ou tout du moins s'efforcer de vivre de la manière la moins insupportable possible. Au lieu de vivre continument dans un asile, ou un hôpital, le malade aura à sa disposition, de manière continue, les unités de soins de la psychiatrie de secteur, près de chez lui, en ville, les CMP, hôpitaux de Jour, services de Visites à Domicile, services sociaux, présence aux urgences, aux étages de l'hôpital. Plus encore que continuité des soins le docteur Patrick Chaltiel, propose aujourd'hui la continuité de l'attention. Disons que la question de la continuité des soins reste du côté de celle des moyens, et celle de la continuité de l'attention, du côté de la clinique. [11]

Le renversement, c'est qu'au lieu de la continuité de la présence du patient attendant une hypothétique guérison dans l'asile ou à l'hôpital psychiatrique, la continuité sera celle de la présence de l'équipe soignante dans la ville, «au service de la population », en ville, près du domicile. Continuité qui aura pour effet d'étayer, avec tous les moyens possibles, ce qu'Hélène Chaigneau appelle « la continuité de l'existence du sujet pour le malade ».

Pour cette mise en place du secteur, Lucien Bonnafé, avec d'autres, a travaillé sans relâche, dès l'immédiat après-guerre, jusqu'à ce que soit obtenue son application généralisée à tout le territoire français. Son activité au Ministère de la Santé, d'abord comme Conseiller détaché, puis comme Conseiller fut entièrement consacrée à cette tâche.

---

[11] E-journal de l'EPS Ville-Evrard . Intervention du docteur Patrick Chaltiel (14ème secteur de Seine Saint Denis), Journées 2015 de l'Association RIVES

Pas de « localisme », c'est-dire, pas d'esprit maison ou de clocher, de « réussite personnelle », de lobbying, mais la volonté d'établir un dispositif, un agencement, une cartographie où tous aient accès. La réalisation du secteur reprenait le fonctionnement des dispensaires, « structures que le Front Populaire s'était proposé de développer, sous l'influence de Hazemann et du ministre du Front Populaire, Henri Sellier. Lucien Bonnafé déclarait ainsi dans une interview à la revue « Santé Mentale » que « Hazemann était donc « le véritable fondateur de la psychiatrie de secteur ».

Il s'agit donc d'une politique « non politicienne » dont l'engagement inscrit une conception de la santé publique au sens fort, au service du malade comme aimait à le dire malicieusement Bonnafé : « Qu'y a-t-il pour votre service ? ».

Aujourd'hui à Ville-Evrard à Neuilly sur Marne dans la région parisienne, en Seine Saint-Denis, j'ai la responsabilité, en tant que présidente, de la Société d'Histoire, la SERHEP, fondée en 1986,[12] et de la bibliothèque psychia-

---

[12] La SERHEP a été fondée en décembre 1986, à l'instigation d'André Roumieux, alors cadre infirmier à Ville-Evrard, avec des membres du personnel, afin de sauvegarder l'histoire de la psychiatrie et de la transmettre, la SERHEP est aujourd'hui une association ouverte à tous, usagers, familles, soignants et soignés, chercheurs, écrivains,

trique de Lucien Bonnafé, dont nous sommes en train de classer et d'inventorier les documents et à partir desquels nous avons commencé des études et des recherches. Lucien Bonnafé connaissait bien la SERHEP. Il avait exercé à Ville-Evrard aux pires moments, pendant la deuxième guerre, au moment où les malades crevaient de faim dans les services, et il avait décidé de nous confier, avec le lustre et l'horloge, cette bibliothèque, de manière à ce que l'on puisse continuer son travail, dans un milieu hospitalier, psychiatrique, avec le personnel infirmier à la formation et aux compétences duquel il avait montré toute l'importance qu'il attachait à travers sa participation aux CEMEA[13]. Il fut envisagé, en 2000, d'installer ce Centre de Ressources en Histoire près de chez lui à Corbeil, « en créant une annexe de la SERHEP au sein des unités de soins qu'il avait créées quand il y était chef de service (jus-

---

cinéastes, etc. Elle a créé à Ville-Evrard un Musée d'Art et d'Histoire de la Folie et initié une démarche historienne qui en fait un Centre de Références sur le sujet.

[13] Les CEMEA. Centres d'Entrainement aux Méthodes d'Education Active fondées par Germaine Le Guillant avec Jean Daumézon, rejoints très tôt par Lucien Bonnafé, puis François Tosquelles, Jean Oury, Roger Gentis, Hélène Chaigneau. Les CEMEA organisèrent dès 1949, le premier stage de formation destiné aux infirmiers psychiatriques. Ils eurent un rôle essentiel dans la constitution du métier et du travail de l'infirmier psychiatrique, autour des soins et de la personne du malade, et loin des références classiques du fonctionnement de gardiennage typique de l'ancien asile.

qu'en 1978). Mais le projet de Corbeil n'a pas pu se réaliser. Après le décès de Lucien Bonnafé, la section Corbeil de la Serhep a cessé de fonctionner et a finalement décidé sa dissolution en 2007.

A Ville-Evrard, malgré les difficultés, nous avons continué le combat! Et déménagé en 2005 toute la bibliothèque psychiatrique de Lucien Bonnafé ainsi que l'horloge et le lustre. Nous avons créé un Musée « 'Maison des Gens-Ambassade de la Folie », ouvert à tous, grâce auquel l'histoire de la folie et de la psychiatrie peut sortir de son ghetto et retrouver ses liens avec l'histoire commune. C'est ce qu'ont montré nos Expositions sur la Guerre de 14 à l'Asile, la Révolte de la Vêture, l'Admission, l'Hôpital aux Champs, le Travail Agricole, la création des Asiles, les Expositions Universelles, le « Musée d'Art Brut de Neuilly sur Marne à Villeneuve d'Ascq », « l'art et la folie », etc.

C'est dans la grande salle du Musée qu'on peut, entre autres, admirer le lustre et l'horloge de Maxime Dubuisson, médecin aliéniste et poète, médecin-directeur à l'asile de Saint-Alban pendant la guerre de 14, et grand-père de Lucien Bonnafé.

Il est prévu que l'activité de l'établissement psychiatrique de Ville-Evrard, abandonne l'ancien asile, la partie du site historique construite en 1868. Dans cette partie de Ville-Evrard qui va retourner à la ville, la SERHEP voudrait garder un bâtiment de l'ancien asile, pour y développer sa Maison-Musée de la Folie et de la Psychiatrie, et un Centre de Ressources et de Mémoire. A la fois Ambassade de la Folie, Centre de recherches et Centre d'Arts (permettant de lier la recherche au terrain). Ce projet se mènera avec d'autres établissements et des soutiens divers. Tous ceux qui veulent y apporter leur contribution et leur soutien y sont invités.

_____

Notes biographiques incomplètes

Né le 15 octobre 1912 à FIGEAC, père médecin-généraliste, petit-fils dans la lignée maternelle, de Maxime Dubuisson, médecin « aliéniste », se disant lui-même psychiatre désaliéniste, Lucien Bonnafé a joué un rôle actif et fondateur dans la création de ce qu'on a appelé la psychiatrie de secteur. Ses déclarations percutantes et souvent poétiques sont mieux connues, que son travail inlassable et rigoureux, dans et sur les établissements, ses études sur leur architecture, la disposition des circulations, sa volonté d'imposer la mixité, son attention rigoureuse à ce qui pourrait amener les patients, même hospitalisés, à ne pas être hors du monde. Il aurait été heureux de voir l'hôpital de jour et le CMP de Saint Chély d'Apcher, avec leurs portes et leurs fenêtres ouvertes sur la ville, un dispositif de circulation aisée et libre à l'intérieur, et les patients accompagnés dans leurs confrontations aux aléas de la réalité à l'extérieur.

Le 16 mars 2003, Lucien Bonnafé décédait chez lui, aux Joncs Marins, près de Corbeil-Essonnes, à 91 ans.

Etudes

Collège Champollion à FIGEAC (Lot) Etudes de médecine à TOULOUSE.

En 1936 termine ses études de médecine et réussit, en 1938 le Concours des HP de la Seine.

Etat de services

Le docteur Lucien Bonnafé commence à exercer en 1936 comme interne à l'HP de Braqueville (Toulouse). Intègre en 1938 les hôpitaux psychiatriques de la Seine (nouvelle appellation depuis 36-37 des anciens asiles de la Seine). C'est en 1938 qu'il quitte le Sud-Ouest pour la Région Parisienne. Interne à Moisselles, puis à Ville-Evrard dans les années noires. André Roumieux[14] raconte qu'il y a rendu visite à Antonin Artaud, alors interné. C'est pendant ces années là que jeune interne, il est un des rares, avec le Dr. Frantz Adam à protester contre l'insuffisance alimentaire dans les hôpitaux psychiatriques.

---

[14] André Roumieux. VILLE-EVRARD, Murs, destins et histoire d'un hôpital psychiatrique, L'Harmattan éd., 2008

Fin 1942, nommé chef de service, il arrive comme médecin-directeur à St Alban en 1943 où il succède à Paul Balvet. Il rencontre à St Alban François Tosquelles, psychiatre, ex-membre du POUM, sorti du camp d'internement pour étrangers de Sept-fonds. L'hôpital sert d'abri à Georges Canguilhem, et bien d'autres, dont Paul Eluard et sa femme Nusch, qui y invitent pendant l'été 1945, Cécile, la fille de Paul, née en 1918 de son mariage avec Gala [15]. Cécile est accompagnée de son futur deuxième mari, le peintre Gérard Vulliamy, qu'elle allait épouser le 9 février 1946.

En 1943-44, avec Paul et Nusch Eluard, François Tosquelles, et Chaurand à Saint Alban, Lucien Bonnafé va réunir le surréalisme, la poésie, la psychiatrie, le militantisme, la résistance. A partir du Club fondé par Paul Balvet, il crée la Société du Gévaudan pour « repenser le travail en psychiatrie, les soins, les dispositifs de soins, les institu-

---

[15] Voir à ce propos : Didier Daeninckx. Caché dans La Maison des Fous. Ed. Bruno Doucey, 2015, coll. Sur le Fil.
Cf.aut Dominique et Renée Mabin article très complet (Revue Internet Mélusine, Art, Folie et Surréalisme à l'hôpital psychiatrique, Saint Alban sur Limagnole pendant la deuxième guerre mondiale, 13 mars 2015)
NR. : Pendant ce séjour, Gérard Vuillamy dessine les portraits des fous et des folles de Saint-Alban dans le livre« Souvenirs de la Maison des Fous », Paul Eluard y écrit leurs portraits poétiques.

tions, et les rapports institutionnels », et poursuit son activité de résistant.

En 1944, il est membre du service médical du maquis lors de la bataille du MONT MOUCHET. Il part dans les réseaux de résistance à Lyon. Il a pris pour nom « Sylvain Forestier ».

En juin 1944, il est élu président à Lyon du Comité National des médecins français (Front national zone sud), il participe aux combats de la Libération.

En 1945, il est détaché au Ministère avec Louis Le Guillant, Conseiller au Ministère de la Santé. (BILLIOUX). Première ébauche de la sectorisation. En tant que Conseiller technique au ministère de la santé, François BILLIOUX étant toujours ministre, il organise les « Journées Psychiatriques Nationales » : il œuvre à construire une psychiatrie sans asiles, et apporte la notion du «désaliénisme ».

1947. Rapport sur « Conceptions Modernes de l'Etablissement de Cure et de Réadaptation ». Ebauche de la politique de secteur. Peu après le changement de ministre, il quitte le ministère.

1947. Il reprend son activité professionnelle, se consacre à l'organisation de la psychiatrie de secteur (création d'un dispositif de soins de proximité et de continuité hors les murs.)

De 1947 à 1958.

Devenu Médecin-directeur à Sotteville lès Rouen hôpital en ruines (détruit par les bombardements à 75 %) il y retrouve MIGNOT. Ils créent un Journal Mural, transforment les cellules en bureaux et ne reconstruisent pas le mur de séparation hommes/femmes. Dans ses plans de reconstruction, Lucien Bonnafé porte une attention extrême aux circulations, aux ouvertures, aux fonctions des lieux.

En 1950, un poste de psychiatre est créé dans le département de Seine et Oise. Sa candidature pour ce poste qu'il juge aberrant est bafouée (dixit Roger Combrisson). Il fait diverses tentatives, dont celle d'aller exercer à Perray-Vaucluse, qu'il abandonne après la sortie d'un projet d'hôpital de 200 lits (1966: Déclaration de non-candidature à un poste de conseiller technique). Il commence à penser à Corbeil-Essonnes où il espère être plus libre. Au début des années 1970, il y acceptera un poste au Sud-Francilien, à Corbeil-Essonnes.

C'est à partir de 1950 qu'il organise ce qui deviendra « la psychiatrie de secteur » : « La naissance du secteur, disait-il, les plus réacs la situent à partir de 72, parce qu'il y a une circulaire de cette époque qui en parle. D'autres disent 60, en se référant à une autre circulaire, ministérielle. Moi, je ferais remonter sa naissance officielle à 1958, lors du colloque de Sèvres qu'avaient organisé les CEMEA, et auquel participaient tous les praticiens du secteur en France : Duchesne, Million, Pariente, Diatkine, qui représentait Paumelle, Lambert, Fernandez-Zoïla, Bonnafé, Daumezon, Koechlin, Tosquelles, Mignot, Torrubia. C'est en effet dans les années cinquante que le secteur s'est mis en place, non sans un certain nombre de difficultés. »

En 1952, il n'est pas réélu à la fin de son mandat syndical. Vu la guerre froide, il n'y a plus de Conseiller Technique PCF.

En 1955, Henri EY reprend les rênes du syndicat et met Lucien Bonnafé sur sa liste. Mais ni Lucien Bonnafé ni Philippe Paumelle ne seront réélus Du coup, on les retrouve dans différents groupes (Groupe de Sèvres, Stages CEMEA). Toujours en contact avec la base, « le formidable potentiel soignant du peuple ».

Pendant les années 68 et les suivantes, il a de nombreux contacts avec Francesco Basaglia.

En 1971, il est médecin-chef à CORBEIL-ESSONNES.

C'est en 1977 qu'il prend sa retraite, à l'âge de 65 ans

Elisabeth Roudinesco rappelle que Lucien Bonnafé joua « un rôle essentiel dans la réappropriation par les intellectuels marxistes du savoir freudien ».

Engagements politiques et syndicaux

Adhère aux Jeunesses Communistes en 1934 (il a 22 ans), après avoir été condamné avec Jean Marcenac, pour participation à une contre-manifestation opposée aux ligues fascistes.

Arrêtés par la police, jugés et condamnés, ils s'inscrivent aux Jeunesses Communistes immédiatement après leur condamnation (« fils de bonne famille fréquentant la racaille ! ».

Au Parti Communiste, en tant que responsable de l'Union Fédérale des Etudiants, il devient animateur de ciné-club d'avant-garde (passe l'Age d'Or, Bunuel, Dali) et crée lui-même photomontages, dessins, écritures. Il rencontre René Crevel, Breton, qui ira à Toulouse présenter l'Age d'Or.

1936. Lucien Bonnafé participe au Front Populaire.

1938. Pendant la Guerre d'Espagne, il milite à la Centrale sanitaire internationale. En même temps, il combat pour transformer l'Amicale des Médecins des asiles en syndicat. Il est l'un des douze premiers membres du Premier Conseil.

Mobilisé en 1939, il est intégré comme infirmier 2ème classe (cassé du rang d'élève-officier pour avoir avec Jean Marcenac « empêché l'audition d'un discours du Président du Conseil »).

A partir de 1940, il participe aux premières rencontres de médecins communistes chez Marcel PENIN à CACHAN. Ils envisagent, avec le Dr. Maurice Ténine, la poursuite du combat antifasciste.

1941. Membre de la direction nationale du Front National des Médecins. Premier essai de « service médical » au cours d'une opération de résistance.

Il fut aussi maire à Sotteville lès Rouen et conseiller municipal à Corbeil Essonnes.

Engagements artistiques

En 1934, avec Jean Marcenac, prise de contact avec le groupe surréaliste et visite à André Breton.

A Toulouse, il fait sa première rencontre avec le « Surréalisme » qui amplifiera le regard différent que lui a transmis son grand-père Maxime Dubuisson sur la folie et les œuvres des fous. (Rêve Réalité Inconscient).
Il écrit de la poésie, fait des collages, des photomontages, aime l'art des fous, lit et récite des poésies (Aragon Apollinaire, Eluard, etc.)

En mars 1946, il publie dans l'hebdomadaire ACTION, issu de la Résistance, son premier article sur l'Art et la Folie à l'occasion de l'Expo présentée à l'hôpital Ste Anne d'œuvres créées par des « malades mentaux ».

Publications Interventions

1940. Evolution Psychiatrique. Le Personnage du Psychiatre

1942. participe à la protestation élevée par le Dr. Frantz ADAM contre la malnutrition des malades à l'hôpital psychiatrique.

1942 et suivants : Diffusion de Poésie et Vérité 1942 (Paul Eluard).

- Activité d'éditions clandestines menée par Eluard avec la Bibliothèque Française créée avec les frères Matarasso, chez Amarger, imprimeur à Saint-Flour (dont le merveilleux « Souvenirs de la Maison des Fous », avec les poèmes de Paul Eluard et les portraits de fous et de folles dessinés par Gérard Vulliamy).

1946. à la demande de Germaine Le Guillant et de Georges Daumezon, création avec Lucien Bonnafé des stages de formation pour les infirmiers psychiatriques aux « CEMEA » (Centres d'Entrainement aux Méthodes d'Education Active).

Septembre 1946. Participe aux Journées de Bonneval autour d'Henri EY.

1947. Rue d'Ulm, série de conférences et de discussions

1947. Texte à la demande d'Henri EY: « Essai d'interprétation du fait psychiatrique selon la méthode historique de K. MARX et Friedrich ENGELS. », où il note comme un fait dominant l'avènement de la psychanalyse.
1949. Philippe Kœchlin écrit l'avoir retrouvé en 1949 à Ville-Evrard avec Sven Follin, chez SIVADON lors d'une Journée de réflexion organisée avec François. Tosquelles, Balvet et Daumezon.

Septembre 1954. Journée CEMEA à JOINVILLE conférence prononcée par Lucien BONNAFE sur « Les Techniques d'Observation ». Choc de cette conférence où il prononce: « Le gardien de fous de jadis est en train de devenir un infirmier hautement spécialisé. Son rôle de surveillance s'est effacé, etc. »

En 1955, article sur l'Insulinothérapie dans le n° 2 de la revue VST, fondée en 1954 par Georges Daumezon et Germaine Le Guillant alors sous le titre de Vie Collective et Traitements (n°1) qui prend le nom de Vie Sociale et Traitements dès le n° 2.

1957 à 1959 : Groupe de Sèvres

Participation à la Revue RAISON, à la revue ESPRIT (1952) n° spécial « Misère de la Psychiatrie ».

1959. Congrès de TOURS.

1960. Journées « 27 opinions sur la psychothérapie ».

1964. Congrès de MARSEILLE (avec Louis Le Guillant et Hubert MIGNOT, il apporte la notion de sédimentation reprise ensuite par Jean Oury).

19 Décembre 1964. Journée sur la hiérarchie » à Perray Vaucluse, en présence de Jacques Lacan.

1965. participe à la FGERI (Félix Guattari) textes sur l'architecture, la hiérarchie, dans la revue Recherches (CERFI).

1976. lors de la préparation du Congrès D'Auxerre avec Germaine Le Guillant, Francoise Picard, et deux infirmiers, Marcel Ménin et Sylvain Joseph, Lucien Bonnafé dit que ce qu'il a préparé est plus à destination des infirmiers que des médecins (toujours le souci de former les infirmiers) : « la relation de parité de l'infirmier avec le malade permet une thérapeutique de haut niveau ». Thème de la relation soignante. Art de la sympathie.

1984. demi-journée à Ville-Evrard avec Jean Oury.

A partir de 1986, avec l'Association Culturelle du Personnel de Saint-Alban il crée les Journées de Saint Alban. Quarante ans après, avec le soutien de l'Association Culturelle et de l'hôpital de Saint-Alban, les premières Journées qui auront lieu pendant l'été 1986, vont réunir à nouveau à Saint-Alban, Roger Gentis, Jean Oury, François Tosquelles, Jean Ayme. Ils en feront un des rendez-vous actifs de la psychiatrie, les « jeunes du secteur : Guy Baillon, Michel Minard et son équipe, et bien d'autres encore, étant aussitôt venus les rejoindre.

Lucien Bonnafé Bibliographie

Lucien Bonnafé. Dans cette Nuit peuplée, Editions Sociales éd., 1977.

Lucien Bonnafé. Psychiatrie Populaire. Pour qui ? Pourquoi ? Scarabée éd., CEMEA, 1981

Lucien Bonnafé. Max Lafont. L'extermination douce, la mort de 40000 malades mentaux dans les hôpitaux psychiatriques en France sous le régime de Vichy, Arefpi éd., 1987

Lucien Bonnafé. Du Contrat de Citoyenneté, ouvrage collectif sous la dir. d'Henri Lefebvre, Périscope et Syllepse éd., 1991

Lucien Bonnafé Désaliéner (Folie(s) et Société(s), Presses Universitaires du Mirail éd., 1992.

Lucien Bonnafé et Patrick Tort, L'homme cet inconnu? Alexis Carrel, Jean-Marie Le Pen et les chambres à gaz, Syllepse éd., sept. 1992.

.Lucien Bonnafé, Le Miroir Ensorcelé, Syllepse éd., 2002.

Lucien Bonnafé, Psychanalyse de la Connaissance, coll. dirigée par Claude Louzoun, Erès éd, 2002

Lucien Bonnafé et Jacques CHAZAUD, La Folie au Naturel Le Congrès de Bonneval avec Henri EY, L'Harmattan éd., 2006

Lucien Bonnafé a écrit aussi de très nombreux articles, entre autres pour la Revue Vie Sociale et Traitements VST rattachée aux CEMEA, toujours dans un souci de transmission aux équipes infirmières et soignantes en psychiatrie.

Il existe aussi de très nombreux et intéressants articles, commentaires, films, témoignages des amis et collègues de Lucien Bonnafé que nous ne pouvons malheureusement pas citer ici.

Agenda de la Serhep Septembre 2015

A LIRE A LIRE A LIRE

70 ans après, la grande époque de l'hôpital de Saint-Alban reste une histoire vivante et fondatrice. Plusieurs publications en témoignent aujourd'hui. Des films sont en préparation. Dernières parutions :

Didier DAENINCKX. *Caché dans la Maison des Fous*. Denise Glaser et Paul Eluard à Saint-Alban. Bruno Doucey éd., collection Sur le fil 128 pages, 2015, 14,50 €.

Anne-Claire DECORVET. *Un lieu sans raison»,* Campiche éd., 2015, 426 p.

Pour mieux connaître Madame Marguerite Sirvins, l'auteure des tableaux de fil et de la robe de mariée dont elle fit la dentelle avec les fils de lin tirés des draps usés de l'hôpital de Saint Alban où elle était placée de 1917 à 1950.
Patiemment retrouvée à partir de documents d'archives et de témoignages, l'histoire de Madame Marguerite SIRVINS est écrite avec vivacité et talent par Anne-Claire Decorvet, dans une de ces démarches que nous aimons à la SERHEP.

De nos amis historiens en psychiatrie:

Denis MORIN. L'invention du discernement. *Ermine de Reims, sainte ou hérétique ? Simulatrice ou hallucinée?* Paris, L'Harmattan éd, 2015, 70 p.

André ROUMIEUX et Laurent DANCHIN. *Artaud et l'Asile*
Réédition de leur ouvrage paru en 1997, revu et augmenté, Séguier éd., *872 pages.* Prix: 32.00 €.

Emmanuel VENET *Ferdière, psychiatre d'Antonin Artaud,* réédition de la petite merveille qu'il a fait paraître en 2006 aux éditions VERDIER, cette fois en poche, toujours chez Verdier, et toujours hanté par la question du « compromis soignant ». Verdier/poche éd., Juin 2014. 96 p. Prix : 4,80 €

David Frank ALLEN. *Critique de la Raison Psychiatrique.* Réédition revue et corrigée, IN Press éd., coll. Ouverture Psy, fév. 2015

Nos amis de la Société d'Histoire « les Amis du Vieux Saint-Brice », nous apprennent qu'à la suite de la campagne de presse qu'ils ont lancé en juillet 2014, ils ont obtenu un sursis dans l'application de la décision de démolition prise par le Conseil Municipal de Saint Brice sous Forêt, d'une petite maison dans laquelle ont vécu, entre 1920 et 1922, Paul Eluard (de son vrai nom Eugène

GRINDEL) et son épouse Gala Diakonova, plus connue sous le nom de GALA. C'est dans cette maison que Max Ernst, créa le célèbre tableau de groupe présentant les surréalistes : « Le Rendez-vous des Amis ».

A présent, « les Amis du Vieux Saint Brice » se démènent pour assurer la restauration de cette maison. Le 19 septembre, pour la **Journée du Patrimoine**, les Amis du Vieux Saint-Brice prévoient une animation artistique devant la Maison, sous forme d'ateliers créatifs, pour présenter à leur façon le devenir des lieux

Contact, soutien : Les Amis du Vieux Saint-Brice, Le Clos Béranger, Bâtiment C, Boulevard de la Gare, 95350 SAINT-BRICE (site internet saintbrice95, rubrique Histoire : patrimoine et personnalités).

A VOIR A VOIR A VOIR

A Paris, du 12 septembre au 10 octobre 2015 Christian BERST présente une Exposition Anniversaire pour les dix ans de sa galerie du Marais consacrée à l'Art Brut. Galerie Christian BERST, 5 Passage des Gravilliers, 75003 Paris, 01 53 33 01 70

L'Art à l'Hôpital continue à rendre meilleure la vie quotidienne à l'hôpital de GENEVE (Suisse), avec ses remarquables Expositions et Evénements dans les couloirs des différents sites des HUG. *Prochaine Exposition :*

Nicolas OVERRAZ

SERIGRAPHIES.

Vernissage jeudi 3 septembre dès 18h en présence de l'artiste
Exposition du 3 septembre 2015 au 10 janvier 2016
Entrée principale de l'Hôpital
Rue Gabrielle-Perret-Gentil 4, 1205 Genève
Entrée libre tous les jours de 8h à 20h

A partir des 19 et 20 Septembre 2015 pour les Journées du Patrimoine, puis, jusqu'à Septembre 2016, tous les vendredis de 14h à 18h, et s/RV pour les groupes, le Musée de la SERHEP apporte sa contribution au « Mouvement pour une Société Inclusive », pour la construction d'un Mémorial des Handicapés victimes de la faim pendant la deuxième Guerre Mondiale, et présente une nouvelle Exposition-Recherches d'Agnès Bertomeu au Musée d'Art et d'Histoire de la Folie et de la Psychiatrie de la Serhep

« 1939-1945 à Ville-Evrard.
L'hôpital pendant les années noires »

SERHEP. Ville-Evrard, 202 avenue Jean Jaurès, 93332 Neuilly sur Marne Cedex, 06 86 00 60 20 et 01 43 09 34 78

N'oubliez pas de faire un tour au Musée d'Art Brut du LAM et d'y retrouver la collection de l'ancien Musée d'Art Brut de l'Aracine à Neuilly sur Marne☐
1 Allée du Musée, 59650 Villeneuve-d'Ascq·
<u>10h00 – 18h00</u> <u>Téléphone</u> : 03 20 19 68 68

La **Halle Saint Pierre,**
2, rue Ronsard – 75018 Paris Métro : Anvers/Abbesse
Ouvert tous les jours : en semaine de 11h à 18h
samedi de 11h à 19h / dimanche de 12h à 18h ré-ouvre après travaux et propose
du *18/09/2015 — au 13/03/2016*

HEY! modern art & pop culture / Act III
avec **63 artistes internationaux**

A Lausanne, à la Collection d'Art Brut
Ne pas manquer les dessins de Guy Brunet, réalisateur.

Les studios Paravision

Collection d'Art Brut, Lausanne, 11, av. des Bergières, CH - 1004 Lausanne Tél. +41 21 315 25 70, Fax +41 21 315 25 71, <u>art.brut@lausanne.ch</u>

Et chez nos amis de GAND dans le magnifique Musée Guislain, une très émouvante exposition

(Photo)sensible

Portraits Psychiatres Patients 1865-2015
Psychiatrie et Photographie
12.06.15 - 11.10.15

Museum Dr. Guislain. Jozef Guislainstraat 43 B-9000 Gent   +32 (0)9 216 35 95

info@museumdrguislain.be

Bientôt le prochain numéro de la Revue ARTENSION, le magasine « téméraire » de l'art vivant. ARTENSION vient d'éditer son « Guide des Galeries d'Art », une référence absolue.

Abonnement 3 numéros

France Particulier : 36€

France Organisme : 46€

Autres Pays particulier : 53€

Autre Pays Organisme : 66€

Vente au numéro

Prix : 12 €

En librairie : Amazon Fnac

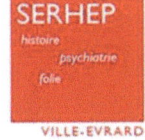

A la SERHEP

Ville-Evrard
202, avenue Jean-Jaurès
93332 Neuilly sur Marne Cedex
33)01 43 09 34 78/ 06 86 00 60 20
serhep.ve@epsve.fr

Revue des I N C O M P R I S

Revue d'histoire des Oubliettes

BULLETIN D'ABONNEMENT ET DE COMMANDE
à retourner à

¤ Mme   ¤ M.   Prénom--------------Nom---------------------

Profession---
Adrèsse--
Organisme---
Code Postal [   ]   Ville----------------------------

Pays---------------------------------------Tél. [   ]

e-mail--

Je m'abonne (par chèque)

¤ Je m'abonne à La Revue des Incompris pour 1 an (3 numéros)

France :¤ Particulier 36 €   ¤ Organisme 46 €

Autre Pays : ¤ Particulier 53 € ¤   Organisme 66 €

Chaque numéro : 12 € + frais d'envoi (

Je verse la somme de :---

¤ chèque à l'ordre de la SERHEP